LA MALADIE

ET

LE REMÈDE,

Par CHABAUD,

Professeur au Collége de Provins.

PRIX : 60 CENTIMES.

Provins,

IMPRIMERIE ET LIBRAIRIE LE HERICHÉ.

1872.

LA MALADIE

ET

LE REMÈDE,

Par CHABAUD,

Professeur au Collége de Provins.

Provins,

IMPRIMERIE ET LIBRAIRIE LE HERICHÉ.

1872.

LA MALADIE

ET

LE REMÈDE,

Par CHABAUD,

Professeur au Collége de Provins.

I.

Lorsque la nuit étend son voile sombre sur la nature, la couleur des objets disparaît, nous cessons d'en apercevoir distinctement les formes, et il en résulte une confusion d'autant plus grande que les ténèbres sont plus épaisses. Ce phénomène du monde physique, nous le retrouvons dans le monde intellectuel. Lorsque la nuit se fait dans les intelligences, la confusion se répand dans les idées, les perceptions ne nous présentent plus distinctement leurs objets : la vérité et l'erreur, le juste et l'injuste, la générosité et l'égoïsme, l'ordre et l'anarchie, tout est confondu ; le bien et le mal sont estimés au même prix, et souvent même le crime, la honte et l'infamie reçoivent des intelligences obscurcies les hommages auxquels seules ont droit l'honnêteté, la magnanimité et la vertu.

Cet état si fâcheux n'est-il point celui de notre infortunée patrie ? Hélas ! pourquoi ne pas avoir la force de l'avouer ? — Tandis que le langage moderne donne le nom de progrès, de civilisation, aux agissements subversifs de la société contemporaine ; tandis que retentissent depuis longtemps déjà les grands mots de science, de liberté, de régénération sociale,

d'émancipation de l'humanité, d'affranchissement des cons-
ciences, de morale indépendante, de suffrage universel, de
principe des nationalités, et tant d'autres sonorités illustrées
par la langue moderne, les hommes qui ne se laissent pas
étourdir par ces mots retentissants, gémissent en voyant le
gouffre se creuser sous nos pas, et notre société rouler de
précipice en précipice jusqu'au fond de l'abîme.

Le bruit, les sifflements horribles, les rafales de l'ouragan
révolutionnaire, les craquements de l'édifice social sont à
peine suffisants pour attirer notre attention sur la grandeur du
danger ; les éclairs qui jaillissent au milieu de la tempête
sociale peuvent à peine nous faire apercevoir une partie de
nos immenses ruines morales, tant est profonde notre cécité
intellectuelle.

Situation affreuse ! état épouvantable ! Il est grand temps
d'appliquer le remède efficace. La France ne peut attendre
longtemps ; malade, souffrante, mutilée, défigurée par des
plaies morales bien plus effrayantes encore que ne le sont ses
ruines matérielles, la France a besoin d'un prompt secours.
— Mais prenons garde, défions-nous des expédients qui pour
un moment pourraient masquer nos plaies, mais qui n'abou-
tiraient au plus qu'à prolonger la maladie. Attaquons le mal
à sa racine. Ouvrons les yeux, observons attentivement, et
nous reconnaîtrons le cancer qui ronge notre société. — Le
fléau de notre époque est l'irreligion. La vérité religieuse ne
pénètre plus les intelligences : la libre pensée, le solidarisme
et les productions malsaines d'une presse licencieuse, ont
exercé d'épouvantables ravages dans les idées ; les imagi-
nations voguent sans boussole au milieu des plus ténébreuses
doctrines. La sève bienfaisante de la religion ne coule plus
dans tous les vaisseaux du corps social, et l'affaiblissement
moral qui en résulte, se traduit par des convulsions si violentes
que leur prolongation amènerait inévitablement la mort.

Les profonds penseurs, les plus grands philosophes dont
s'honore l'humanité, ont toujours reconnu et affirmé que la
religion est la base fondamentale, l'élément vital des sociétés.

Mais, dans notre malheureuse époque, en face de cette affirmation, se dresse orgueilleusement la libre-pensée dont la sophistique dévorante dessèche les esprits légers, et tarit leur aptitude à faire fructifier les semences de la vérité. Les chefs, les pontifes de la libre-pensée déploient une fébrile activité pour la propagation de leurs doctrines ; tout moyen leur est bon pour augmenter le nombre de leurs adeptes ; ils fouillent dans tous les arsenaux du rationalisme, et font pleuvoir un déluge de sophismes sur les principes qui forment le seul rempart que nous puissions opposer à la barbarie.

Rien n'égale l'infatuation de ces tristes doctrinaires. Ecoutons-les. Nous sommes, disent-ils, les apôtres du progrès, les représentants de la science, les pourfendeurs de l'obscurantisme; notre raison est souveraine, et nous ne saurions admettre les superfétations vieillies qu'elle réprouve. La science a remplacé la religion ; les principes surannées du moyen âge ne peuvent être admis que par les ignorants et les rétrogrades. Et, entourés de ce cortége de prétentions, ils regardent d'un air hautain tous ceux qui ne se laissent pas tromper par le ton orgueilleux de leurs déclamations.

Examinons un instant les allégations de ces bruyants déclamateurs. — Pourquoi, disent les uns, accepterions-nous la religion, puisqu'elle ne peut se démontrer mathématiquement ? — A une pareille question doit suffire cette réponse : quelle nécessité voyez-vous d'avoir du pain, puisque vous ne pouvez démontrer mathématiquement qu'il vous nourrit? Pourquoi craignez-vous la fièvre, puisque aucun raisonnement mathématique ne peut en démontrer les dangereux effets ? Avec leur science, ils ne savent pas que la nature des preuves doit être adaptée à la nature de la vérité à démontrer. Il est aussi absurde de vouloir établir une vérité religieuse ou morale par une démonstration mathématique, qu'il serait ridicule de vouloir trouver dans un principe de morale la preuve de la rotation de la terre.

D'autres, moins exclusifs, ne limitent pas la somme des vérités aux déductions mathématiques; mais, à les en croire, rien n'est au-dessus de leur raison.

Entrez en discussion avec eux, mettez-les en demeure de s'expliquer sur quelques-uns des innombrables mystères de la nature ; dites-leur de vous faire pénétrer dans les secrets de leur existence ; priez-les de soumettre devant vous au creuset de la raison ce qui constitue la pensée : ils vous étonneront par la pauvreté et l'incohérence de leurs raisonnements.

Je demandai un jour à un de ces prétendus docteurs qui gesticulait en me parlant, comment il expliquait les mouvements de ses bras.

C'est bien simple, me dit-il, je les explique par la contraction et l'extension alternatives des muscles ; et il m'exposait gravement la disposition des muscles et leur mode d'insertion sur les os.

Très-simple, en effet, mais singulière, la réponse qui consiste dans la description d'un outil, lorsqu'il s'agit de faire connaître l'ouvrier qui l'emploie et la manière dont il s'en sert.

Partout, dans la nature, nous trouvons des secrets impénétrables à la raison humaine ; tout nous fournit des arguments pour combattre les ridicules champions de la libre pensée. Interrogez-les sur les mystères de la vie des plantes, sur la germination, sur la nutrition des tissus végétaux, sur la fécondation des fleurs, sur la formation et le développement des fruits : toutes ces merveilles ne sont-elles pas incompréhensibles ? La raison peut-elle en sonder la profondeur ? Où est l'insensé qui oserait l'affirmer ?

Si les vérités de l'ordre surnaturel, qui dépassent la portée de la raison, sont systématiquement rejetées par les apologistes de la libre pensée, sous prétexte que la puissance de leur raison ne connaît pas de bornes, pourquoi alors, dans la nature, tant de causes inconnues, de phénomènes inexpliqués, de prodiges incompris, de problèmes non résolus ? Pourquoi ne portent-ils pas sur tous ces points le flambeau de leur intelligence pour en dissiper l'obscurité ? Pourquoi ne soulèvent-ils pas le voile qui nous cache tant de mystères ? Qu'ils se hâtent donc de satisfaire notre curiosité. — Nous voudrions connaître la force qui préside aux agrégations de la matière ; nous voudrions être éclairés sur l'essence de l'électricité, de la lumière. Nous vivons dans des flots de lumière ; que les coryphées du rationalisme nous disent donc ce que c'est. Croient-ils nous satisfaire par la description superficielle de quelques phénomènes ? Les mouvements ondulatoires de l'éther, la réfraction, la décomposition de la lumière, la polarisation, les interférences, tous ces phénomènes ne nous apprennent rien de bien précis sur la cause de la visibilité. — Au-delà de ces superficies qui, la plupart, laissent une grande marge à l'incertitude, nous entrevoyons un fond que notre raison ne peut pénétrer, un substratum, un je ne sais quoi... quelque chose d'indéfinissable qui échappe à toute analyse.

Les adorateurs de la raison humaine ne peuvent percer ce fond impénétrable ; ils ignorent, comme nous, la nature de la lumière et la manière même dont elle agit sur nos organes. Ils sont donc obligés ou de nier la lumière, ou de confesser que toutes les vérités ne sont pas à la portée de leur raison, et que la prétention de pouvoir tout comprendre n'est que le fruit d'un orgueil insensé et d'une folle extravagance.

Les libres penseurs ne nient pas la lumière, ils ne nient pas non plus leur existence, ni leur pensée, qu'ils proclament indépendante, et qu'ils ne peuvent ni voir, ni toucher, ni comprendre. Ils admettent aussi que leurs semblables jouissent, comme eux, de la faculté de penser, de réfléchir. Et l'adhésion qu'ils donnent à ces vérités repose sur des éléments de conviction ou preuves de nature différente.

Leur acquiescement à ces incompréhensibles vérités et à tant d'autres non moins mystérieuses, nous autorise à dire à ces discoureurs superbes et prétentieux : Votre attitude, en face des mystères de la nature, nous prouve que vous ne vous faites pas une loi de rejeter toujours ce que vous ne pouvez comprendre, puisque, quand les preuves vous paraissent suffisantes, vous n'exigez pas, pour admettre certaines vérités, que votre esprit puisse les pénétrer, bien que les preuves soient, comme les vérités qu'elles établissent, de nature différente, et ne puissent se substituer l'une à l'autre. — Pourquoi rejeter pour la religion ce que vous admettez ailleurs, la distinction et la convenance des preuves?

Si, au lieu de tant admirer, d'élever si haut votre raison, de lui attribuer une puissance chimérique, de brûler tant d'encens en son honneur, vous cherchiez à utiliser les ressources qu'elle vous offre et à profiter des services qu'elle peut vous rendre, la religion vous apparaîtrait alors entourée d'assez de preuves?

L'excellence de la morale chrétienne pourrait frapper votre attention, et en voyant planer au-dessus de toutes les créations humaines cette morale si pure et si sublime, vous vous diriez qu'elle ne peut émaner que d'une source divine.

Vous prêteriez une oreille plus attentive aux témoignages de l'histoire et de la tradition, ces deux témoins qui, dans l'ordre religieux, exercent l'un sur l'autre un contrôle si rigoureux et arrivent à un tel accord dans leurs dépositions en faveur de la religion, qu'il faut vouloir nier l'évidence pour contester la véracité de leurs récits.

Il ne vous paraîtrait plus possible d'assimiler le christianisme à une institution humaine, en considérant l'origine miraculeuse de l'Eglise, son organisation, sa longévité, sa vitalité, la résistance impassible qu'elle a toujours opposée aux attaques séculaires que des ennemis de tous genres n'ont cessé de diriger contre elle. Vous verriez cet édifice religieux bravant les ravages de tous les âges et de tous les siècles, et, pour résister à la rage de ses ennemis, n'opposant à la violence de leurs attaques que la force de son indestructibilité, contre laquelle se brisent dans tous les temps les efforts insensés et les fureurs délirantes de l'impiété. Il ne vous serait pas facile alors d'admettre que ce majestueux édifice ait été construit sur le terrain mouvant de la fragilité humaine, et vous vous diriez qu'il n'y a que des mains divines qui aient pu préparer le ciment qui en relie les différentes parties.

Oui, sans le délire de l'orgueil et l'influence perturbatrice des passions, vous sauriez peser les motifs de crédibilité, vous trouveriez dans les divins caractères du Christianisme des preuves qui pourraient vous convaincre, vous reconnaîtriez la divinité de la religion et vous ne chercheriez pas à lui opposer des principes faux et incohérents, des éléments variables et hétérogènes, des simulacres tronqués de religion.

Mais, que dis-je ? vous verriez la science même. dont l'impiété a voulu se faire une arme, apporter de nouveaux titres d'authenticité à la cause sacrée de la religion; vous verriez le récit de la Genèse corroboré par la géologie, qui, après avoir un instant cédé aux efforts des ministres de l'erreur, est revenue, selon l'expression d'un illustre savant moderne, « avec la gravité d'une matrone et une démarche sacerdotale, » payer son tribut d'hommages à la vérité. — Vous constateriez que la religion ne peut jamais être combattue. que par de simples hypothèses, tandis que dans les différentes et nombreuses questions qui la concernent, tout ce qui revêt un caractère de certitude, se réunit pour la défendre.

Oui, l'exercice régulier de la raison conduit à la foi, et si les passions ne détruisaient pas l'équilibre des facultés intellectuelles, l'autorité de l'Eglise ne serait pas contestée, et le flambeau de la religion dissiperait les ténèbres de l'humanité. Mais de même que la disparition de l'astre du jour plonge le monde physique dans les ténèbres de la nuit, de même sans la foi, qui est le soleil de la vérité, le monde moral et intellectuel est plongé dans les horreurs du chaos. « Si je sors des voies de la foi, dit Bourdaloue, je tombe dans un labyrinthe où je ne fais que tourner, que me fatiguer, sans jamais trouver d'issue. »

— Mais, disent les sectateurs de la libre pensée, si la religion était aussi importante que vous le prétendez, Dieu aurait dû en marquer les preuves de caractères si éclatants, qu'il ne fût pas possible de les méconnaître ni d'élever des objections.

—Qu'importent les objections contre les vérités solidement

établies? Les objections viennent de l'ignorance ou de la mauvaise foi, et ne peuvent rien changer à la réalité. Quant aux preuves de la religion, elles ont assez d'éclat, elles sont assez probantes, et elles entraîneraient toujours la conviction, si elles n'étaient obscurcies par les nuages dont les couvrent l'intérêt matériel, l'immoralité, la dépravation et la perversité. — Voudriez-vous que l'homme eût été créé sans responsabilité, sans volonté, qu'il ne pût se soustraire à la lumière? que dans des questions où se trouve impliquée sa responsabilité morale, son incurie, sa négligence, sa culpabilité n'eussent pas pour effet de lui voiler la vérité? — Mais il est bon de remarquer que ce raisonnement ne s'adresse déjà plus aux libres penseurs qui sont arrivés jusqu'aux dernières conséquences de leurs principes, à ceux qui sont entrés dans le sombre et affreux désert de l'athéisme. Pour ceux-là, habitués aux ténèbres les plus épaisses, le moindre rayon de lumière les importune, et si vous cherchez à percer par un point l'obscurité qui les enveloppe, ils détournent leurs regards, ou quelquefois, comme la seiche qui, se voyant poursuivie, trouble et noircit l'élément qui l'entoure, ils troublent leur atmosphère, ils l'infectent de propos licencieux ou de paroles obscènes. — Aussi avons-nous ici principalement en vue les rationalistes qui n'ont pas parcouru toutes les étapes de cette funeste route où s'éteignent, par degrés, le sens moral et la raison. Mais pour ceux mêmes qui n'ont pas atteint ces extrêmes limites, quel vide dans les idées! quel rétrécissement de l'intelligence? — Armez-vous de la logique la plus rigoureuse, poursuivez-les jusque dans leurs derniers retranchements : au moment où vous croyez les saisir, vous ne trouvez souvent qu'un être intangible, un fantôme s'enveloppant dans un système de négations.

Eh bien ! je ne crains pas de dire à ces apôtres de l'erreur, à ces artisans de la décadence : insensés que vous êtes ! Tous les jours les opérations de la nature, les merveilles qu'elle étale à vos regards vous obligent de reconnaître les bornes de votre intelligence, et vous refusez d'admettre la religion parce que vous ne pouvez en comprendre les mystères! Mais n'est-ce pas outrager la raison? Quoi! une goutte d'eau, un faible arbuste, un vil insecte sont des écueils où va échouer la pénétration de votre esprit : et vous auriez la prétention de sonder les profondeurs des œuvres mystérieuses de la divinité? Quelle audacieuse témérité! Je dis plus : quelle manifeste contradiction !

Oui, la religion renferme des mystères impénétrables ; mais elle ne contient rien de contradictoire, rien qu'on puisse prouver contraire à la raison. D'un autre côté, la religion se présente à nous avec tous les caractères d'une œuvre vraiment divine. Pourquoi donc ne pas l'admettre? Vous prétextez que beaucoup n'y croient pas. Est-ce un motif? L'existence objective d'une vérité serait-elle donc subordonnée à la condition d'être reconnue par tous les hommes? S'il en était ainsi, il n'y aurait rien de vrai : les vérités de l'ordre cosmologique, toutes ces sciences dont s'enorgueillit tant notre siècle, ne seraient que des chimères. — Si vous étiez guidés par l'amour de la vérité, vous méditeriez les preuves de la religion. Elles sont nombreuses et irrécusables ; leur ensemble forme un faisceau lumineux, qui brillera toujours malgré les nuages de l'erreur. — Si vous n'êtes pas les ennemis obstinés, irréconciliables de la vérité, je vous invite à moins exalter votre intelligence, à imposer silence à l'orgueil de votre raison. Avec une inexprimable présomption, vous traitez d'ignorants ceux qui ne travaillent pas, comme vous le faites, à saper tous les principes, à établir le règne du nihilisme ; vous vous proclamez les directeurs de l'humanité, les propagateurs du progrès, les colonnes de la civilisation, les pionniers de l'émancipation sociale : et vous vous étonnez que la lumière traverse difficilement une couche si épaisse de vanité ! Déchirez ce bandeau qui empêche la radiation divine d'arriver jusqu'à vous ; brisez l'obstacle qui vous soustrait au rayonnement de l'éternelle vérité ; et, au lieu de tant prôner le progrès, la civilisation et les sciences modernes, placez-vous, pour les apprécier, en face de la Sagesse - Suprême, de l'Arbitre souverain des civilisations ; interrogez le regard du céleste Mécanicien, du Géomètre éternel, du sublime et incomparable Physicien qui commande aux lois de la nature et qui les a créées.

L'inspiration que vous y puiserez enrichira votre raison et en améliorera l'usage. Tenez ! cette pauvre femme qu'on voit souvent prier dans un coin obscur de l'église, a plus de sens que vous, elle est plus grande que vous.

O esprits forts, que vous êtes faibles pour le bien ; mais que vous êtes puissants à accumuler des ruines !

Nous allons voir vos ravages dans notre malheureux pays.

II.

Depuis plus de quatre - vingts ans, notre pays présente l'affligeant spectacle de révolutions périodiques, où s'affirme, d'une manière non équivoque, une haine violente pour tout ce qui représente, à un degré quelconque, l'autorité régulière. Il n'est personne qui n'ait fait cette remarque ; notre histoire contemporaine donne à cette triste vérité un caractère d'évidence trop frappant pour qu'il soit possible de l'ignorer. Et les hommes attentifs à suivre les mouvements et à observer les conditions de la vie politique, ont pu s'assurer que l'esprit de révolte qui s'est, pour ainsi dire, incarné dans notre société, ne cesse pas, dans les temps mêmes de calme matériel, de miner l'autorité, et épie sans cesse le moment propice pour la renverser. — Avant d'examiner les funestes conséquences de cet état de choses, il est bon d'en rechercher l'origine. Il nous sera facile alors d'y apercevoir une corrélation avec l'état moral du pays. — Une simple comparaison de date nous montre l'invasion, ou, pour parler plus exactement, l'établissement officiel du philosophisme moderne, coïncidant avec le commencement de l'hostilité politique qui a déjà si souvent changé la forme de nos institutions, viciées dans leurs bases par le matérialisme révolutionnaire. Les sophistes, précurseurs de nos libres penseurs d'aujourd'hui, pour amener

la société à l'état déplorable où elle se trouve, ont exalté la
raison humaine; ils en ont proclamé l'indépendance, en ont
fait l'apothéose; oui, prodige de folie de l'orgueil humain! ils
l'ont divinisée. Les droits de l'homme ont été hautement
proclamés, et les droits de Dieu ont été méconnus et effacés
de notre code politique. La raison toute-puissante, ont dit
les ténébreux doctrinaires de la libre pensée, n'a pas besoin
de Dieu ; Dieu n'a pas à se mêler des affaires de l'humanité ;
nous ne lui demandons rien, nous n'avons aucun devoir à
lui rendre. — Tel est, dans son horrible précision, le mons-
trueux phénomène qui s'est produit pendant la grande période
révolutionnaire. — Il n'entre pas dans ma pensée d'apprécier
en détail les innovations accomplies par la révolution. Cer-
tains principes sociaux, issus de ce vaste mouvement national,
auraient pu ne pas entraver la marche régulière de l'humanité, s'ils n'eussent été entachés de l'esprit d'irreligion. Mais
l'impiété a stérilisé les quelques germes de bien que ces
principes pouvaient renfermer, et il n'en est sorti que des
ferments de désorganisation morale, politique et sociale. — Le
point culminant, le fait capital, la source de tous les maux
dont souffre notre malheureuse patrie, c'est la légalisation de
l'irreligion, de l'impiété, de l'athéisme. Et si plusieurs nations
sentent le sol trembler sous leurs pas, si plusieurs peuples
entendent le bouillonnement du volcan prêt à les engloutir,
à quoi faut-il en attribuer la cause ? Je le demande à tout
homme dont l'esprit n'est pas saturé des billevesées que le
jargon moderne décore du nom pompeux d'idées progressives;
la raison n'en est-elle pas que ces peuples, séduits par le
prestige de notre ancienne gloire, se sont laissé entraîner à
la remorque de la France.

Oh ! si nous ne voulons pas être dévorés par l'hydre
révolutionnaire, si nous voulons redevenir la grande nation,
abandonnons la fausse voie où nous sommes engagés, faisons
table rase de toutes les utopies, de toutes les idées creuses
issues du souffle impur du révolutionnarisme moderne.

L'abandon des principes religieux a pour conséquence

logique l'oblitération morale et la dégénérescence intellectuelle. Et un simple coup d'œil jeté sur l'époque contemporaine, en nous montrant les plaies morales de la France,
suffit pour nous convaincre que notre malheureux pays n'a
pu échapper aux lois inexorables de la logique.

Constatons d'abord que l'élimination de Dieu, l'introduc-
tion de l'athéisme dans les lois, dans la politique et par suite
dans la société, ne peut conduire qu'à l'anarchie ou au despo-
tisme, au désordre moral et à l'affaiblissement, à la nuit des
intelligences.

Qui osera, en effet, soutenir que le mépris, le rejet de
l'autorité souveraine n'ébranlent pas les autorités secondaires,
dépendantes, les autorités d'emprunt ? Si l'impiété rejette les
lois divines, parce qu'elle y trouve la condamnation, le redres-
sement des dépravations de la nature humaine, admettra-t-elle,
sans l'emploi de la force, les lois humaines, toutes les fois que
ces lois viendront contrarier ses inclinations vicieuses et ses
penchants pervers? Impossible. Il ne peut donc en résulter
que cette alternative : ou l'anarchie, ou le règne de la force.

L'irreligion conduit au désordre moral. Cette vérité éclate
d'évidence. En dehors de la religion, où trouverez-vous, en
effet, un frein capable d'arrêter les passions ; quelle force
maintiendra la cupidité et l'ambition dans les limites de
l'honnêteté ; par quel remède combattrez-vous la lèpre
hideuse de l'égoïsme? Croyez-vous les lois humaines ou les
bienséances sociales capables d'opposer des barrières infran-
chissables à la corruption et à la dépravation de la nature
humaine? Illusion. Les lois n'ont qu'une action très-limitée
sur les mœurs ; et le vice sait trouver des moyens pour éluder
le contrôle, du reste souvent inefficace, des bienséances.

Trouverons-nous une garantie morale dans l'honnêteté
instinctive, le respect de soi-même, prétendu remède imaginé
par le charlatanisme révolutionnaire? Si la raison ne con-
damnait pas cette ridicule conception, l'expérience suffirait
pour nous en montrer la frivolité.

L'irreligion produit d'effrayants ravages dans les esprits.

En interceptant les rayons de la lumière divine, elle assombrit l'atmosphère des intelligences, oblitère le sens moral, et répand une nuit profonde sur les plus importantes et les plus indispensables vérités. Au milieu de ce chaos intellectuel, le sentiment de la justice s'affaiblit, la notion du bien et du mal devient confuse, la turpitude du vice et du crime disparaît ; et ce triste état s'ajoute à la perversité pour former une double source d'où découlent les plus déplorables désordres.

Telle est à peu près le caractère de la situation. La France, en proie à un abrutissant matérialisme, se débat dans les angoises, et, malheur encore plus grand, elle refuse d'ouvrir les yeux sur les véritables causes de son mal. Le monstre de la libre pensée, en étendant son sceptre sur notre malheureux pays, en a arraché les germes féconds de la vie. L'impie, dans son orgueil, a voulu égaler sa raison à celle de Dieu et, par un juste châtiment, cette fière raison a été frappée d'aveuglement ; son horizon s'est assombri et s'est resserré dans les étroites limites du matérialisme. Affaiblissement intellectuel, effondrement moral, abaissement des caractères : voilà où nous a conduits cette sacrilége révolte contre les droits de Dieu.

Si nous remontions dans le passé, pour suivre pas à pas la révolution, nous constaterions un travail incessant de désorganisation, tantôt lente, tantôt rapide. Mais si notre état n'est pas incurable, si nous ne sommes pas entièrement fascinés, il nous suffira pour nous guérir de notre engouement, et apprécier la révolution à sa juste valeur, de considérer les œuvres de cet élément désorganisateur.

Dans la famille, l'autorité paternelle est ébranlée, lorsqu'elle n'a pas complétement disparu. Favorisé par la diffusion des doctrines impies, le vent d'indépendance, qui souffle de tous côtés, dessèche et stérilise de bonne heure le cœur des enfants. La déférence, la soumission, la docilité, le respect pour la volonté paternelle, toutes les qualités qui font le bon fils n'existent plus qu'à l'état d'exception. L'enfant n'accepte plus, sans les contrôler, les ordres du père ou de la mère. Et chose triste à dire, la licence, l'insubordination naissent souvent des dissolvantes doctrines dont les parents coupables et imprudents nourrissent l'esprit de leurs enfants. Ce désordre moral, dont les parents sont les premières victimes, exerce une triste influence sur l'éducation et l'instruction de la jeunesse.

L'éducation ! en voyant l'abandon, le mépris de tous les principes, en voyant notre pauvre France livrée à un scepticisme aussi idiot que dégradant, on serait presque tenté de se demander si ce mot exprime encore quelque chose de réel dans notre société. Sur quel principe repose l'éducation ? Y est-il beaucoup question de Dieu ? Les parents cherchent-ils à inculquer à leurs enfants les idées d'ordre, d'honnêteté, de justice ? les jeunes générations apprennent-elles à considérer comme un devoir rigoureux le respect et la soumission à l'autorité, sans lesquels ne peuvent se maintenir ni l'ordre politique, ni l'ordre social ? Hélas ! Quel contraste présente notre époque avec ces principes de la véritable éducation !

Mais l'instruction dont on fait tant de bruit, qu'on préconise comme le remède à tous les maux, ne suffit-elle pas pour arriver au perfectionnement moral ? L'expérience a déjà répondu. Nous devons savoir ce que vaut, pour le bien de la société, l'instruction qui n'est pas doublée d'une bonne éducation.

D'ailleurs, ne convient-il pas de se demander si, sous l'influence des principes erronés qui gouvernent notre société, l'instruction est susceptible d'un développement général ? Tenez, voyez ce jeune homme, à peine sorti de l'enfance ; sa famille désirerait le faire instruire ; mais il ne se soucie pas de s'enfermer dans un collége, il préfère sa liberté ; le travail, d'ailleurs, ne lui convient pas ; son penchant à la paresse l'éloigne de l'étude. Et comme il a toujours été flatté, loué, admiré, selon les exigences du progrès moderne, il est impossible de le contrarier. On le laisse à sa liberté et à l'oisiveté. Combien en est-il dans le même cas ? Ce sont des exceptions, dira-t-on. Je le veux. Prenons des exemples dans ceux qui fréquentent les écoles.

Trouvez-vous beaucoup d'élèves dont la première éducation, celle de la famille, ait développé les qualités du cœur? En est-il beaucoup qui aient puisé et puisent tous les jours dans l'enseignement domestique la soumission aux supérieurs, le respect de l'autorité, l'amour du devoir? L'enseignement public s'inspire-t-il toujours lui-même de l'importance de sa mission, réagit-il toujours contre la coupable négligence des parents? Le législateur de 1850 a eu, je le sais, la sagesse de placer au premier rang l'instruction morale et religieuse. Mais malgré leur place officielle, la religion et la morale n'ont-elles pas souvent été regardées comme des objets tout à fait accessoires? La jeunesse, en se laissant aller à ne voir, la plupart du temps, dans ces bases essentielles de l'instruction, que des sujets d'une utilité secondaire, n'y a-t-elle pas été trop souvent autorisée par l'indifférence religieuse dont il est si regrettable de trouver tant d'exemples dans l'enseignement.

Et si les éléments fondamentaux de toute bonne éducation font défaut, peut-on admettre que l'instruction ne s'en ressentira pas? La discipline pourra-t-elle toujours suppléer au sentiment du devoir? Considérée d'une manière générale, l'instruction n'en sera-t-elle pas amoindrie dans son développement? Le doute à cet égard ne saurait être possible.

Vainement, pour contester l'efficacité de l'influence morale, objecterait-on la légèreté de l'enfance : les moyens moraux produisent toujours leur effet ; si parfois leur action n'est pas immédiate, ils laissent toujours dans le cœur de l'enfant des germes qui se développent avec l'âge. Et puis, prenons le jeune homme dans un âge plus avancé. En voici un placé dans la grande ville pour y faire ses études de droit. Ses parents, en l'éloignant de la maison paternelle, se sont-ils préoccupés des dangers qu'il peut rencontrer? A quoi bon? La religion, la conduite n'ont rien à faire dans tout cela. Cependant, ce jeune homme, livré à lui-même, en butte à ses passions et sans frein religieux, ne tarde pas à négliger ses devoirs d'étudiant. Du reste, c'est la mode ; pourquoi ne ferait-il pas comme les autres ! Les plaisirs, les cafés, les maisons de débauche l'occupent plus que ses livres. — De là, des études faibles, des habitudes de désordre, la démoralisation, résultats qui assurément ne contribuent pas à l'élévation du niveau social. Il y a sans doute des exceptions, mais elles ne sont pas nombreuses.

On dira, je le sais, que le développement de l'industrie, du commerce et des sciences, proteste contre mes assertions. J'admets que, dans certaines branches, il y ait eu quelque progrès, mais au seul point de vue purement matériel. — Or, parce qu'on aura vulgarisé certaines notions sur la nature des corps, parce qu'on connaîtra mieux les affinités de la matière, les lois de la cristallisation, parce qu'on aura perfectionné les procédés de l'analyse chimique, fait quelques découvertes industrielles, aura-t-on pour cela répandu une grande lumière sur les intelligences, aura-t-on enrichi l'esprit humain des connaissances qui peuvent concourir à l'harmonie des cœurs et des volontés ?

Les connaissances matérielles sont bonnes, incontestablement, et méritent nos sympathies ; mais la mission des sciences serait bien restreinte ou plutôt bien funeste, si, en nous découvrant certaines lois de la nature, elle devait immobiliser notre esprit sur la matière. — Non, les sciences n'ont pas seulement pour but le perfectionnement matériel, elles doivent encore fertiliser le champ de la pensée, ennoblir l'esprit, rectifier et fortifier le jugement, et, en éclairant les intelligences, cimenter en quelque sorte l'union des sociétés. Sous ce dernier rapport, notre siècle n'est-il pas un siècle de décadence ? Le désaccord fut-il jamais aussi grand ? — On parle de l'industrie, du commerce; il faudrait ajouter qu'il en est sorti l'industrialisme, le mercantilisme, parturitions égoïstes qui ont étouffé tous les nobles sentiments. La soi des jouissances matérielles rend insensible à tout autre sentiment qu'à celui de la cupidité. L'argent est devenu l'idole dujour. L'honnêteté et la justice pèsent peu auprès du métal, lorsque l'usure et la fraude peuvent se couvrir des dehors de la probité. Le mal est si grand qu'on ne croit plus au bien ; ce qui reste de fidélité à la loi morale semble être une fiction. Oui, charlatans de liberté, déclamateurs de progrès, voilà où conduisent vos principes. Et ce n'est là qu'un côté du désordre social. A la faveur de vos funestes doctrines, le *malthusianisme* a envahi notre société ; la fécondité des mariages est tarie. Les statistiques établissent, en effet, personne ne l'ignore, que l'accroissement de notre population est si lent qu'elle ne doublerait que par période de 150 ans, tandis que, dans plusieurs états de l'Europe, la période de duplication n'est que de 50 ans. Viendrez-vous dire qu'en déchristianisant le mariage vous augmentez la force de la nation ?

Tout nous montre les effets de la perversion morale. Consultez les comptes-rendus de la justice criminelle. N'y a-t-il pas progression croissante dans la criminalité ? Le suicide ne se développe-t-il pas aussi dans d'effrayantes proportions ? L'alcoolisme ne devient-il pas une plaie sociale ? Les documents officiels peuvent vous dire si j'exagère.

Si après avoir interrogé ces faits publics nous levons le voile qui couvre la vie privée, si nous pénétrons dans le sanctuaire de la famille, nous devenons les témoins attristés du désordre et des misères domestiques : la désunion, la discorde, l'infidélité des époux, le divorce clandestin, telles sont les tristes réalités qui se généralisent dans la vie privée. Après cela, prônez bien haut le progrès moderne.

Plusieurs me traiteront de naïf, diront peut-être que j'ignore complétement l'histoire de l'humanité, que le mal a toujours existé. — Oui, le vice et le crime ont été de tous les temps ; mais à notre époque, le mal moral prend un effrayant caractère de généralité. Sont-ils nombreux, aujourd'hui, les hommes disposés à soutenir les droits de la justice au détriment de leurs intérêts matériels, surtout si leur considération personnelle n'est pas en cause ? En trouvez-vous beaucoup qui, dans la pratique, placent le bien public au-dessus de leur bien particulier ? La probité n'est-elle pas généralement sacrifiée à l'intérêt ? Et, à la honte de notre siècle, ne voyons-nous pas tous les jours glorifier l'astuce, l'adresse dans la fraude et dans l'usure, tandis qu'on donne souvent à la franchise et à la loyauté la qualification de naïveté, de bêtise même ? Est-ce là ce que vous appelez la morale ? Dans ce cas, vous faites bien de dire « morale indépendante. »

Devons-nous attribuer au vice de la première éducation tous les désordres de la société ? Non. Les doctrines matérialistes ont à leur service d'autres agents. Un des plus redoutables, c'est la presse. Que d'intelligences ont été fourvoyées, que de cœurs ont été gâtés par la lecture pestilentielle d'ouvrages socialistes et immoraux ? Mais c'est surtout le journalisme qui a miné les bases de l'ordre politique et social.

Chose incroyable ! L'aveuglement de notre société est si grand, que des hommes d'ailleurs bien pensants et d'une incontestable honorabilité, se font les champions d'une excessive liberté, ou pour mieux dire de la licence de la presse. Ces personnes, dont il est impossible de s'expliquer les convictions, se bercent de l'illusion qu'au milieu du dédale des doctrines étalées tous les jours par la presse périodique, le bon sens populaire saura toujours dégager la vérité de l'erreur.

Les principes d'ordre, disent-ils, prévaudront toujours sur les théories anarchistes.

Jusqu'à un certain point, on comprendrait ce raisonnement dans la bouche de ceux qui se figurent que la France date de 89; que les bases de l'ordre moral, politique et social, ont été inconnues jusqu'à notre époque, que nos aïeux étaient de pauvres ignorants, sans principes, qu'ils eussent été sages d'attendre pour vivre que, par ses savantes discussions et les ressources d'un habile éclectisme, la génération actuelle eût tiré du chaos les véritables notions de la vie. Mais pour ceux que la culture de l'esprit a élevés au-dessus d'une ignorance aussi stupide, comment s'expliquer leur opinion ? Y a-t-il, oui ou non, des principes fondamentaux, des principes organiques ?

Si vous en admettez, pourquoi vouloir qu'ils soient toujours discutés ? Evidemment ces principes doivent être au-dessus de la discussion.—Si vous permettez aux démolisseurs d'attaquer les bases d'un édifice, sous prétexte qu'il y a des ouvriers pour réparer les brèches, il pourra très-bien se faire qu'à un moment donné, l'ébranlement soit suffisant pour entraîner l'écroulement de l'édifice ; effet qui ne manquera pas de se produire, si le travail de démolition réunit le plus grand nombre d'ouvriers.—Ce dernier cas est exactement celui de la presse.— Çà et là, quelques feuilles publiques luttent avec un dévouement qui les honore. Mais leurs généreux efforts succombent devant le travail démoralisateur de ce journalisme effréné qui, sous mille formes diverses, se répand partout et inocule dans le corps social, à dose variable, mais toujours dangereuse, le poison des doctrines subversives de tout ordre moral et matériel.

C'est s'abuser étrangement de croire que l'effet des mauvaises doctrines est toujours annulé par l'action des bonnes. C'est verser dans l'ornière du libéralisme, de supposer dans le peuple assez de perspicacité pour pouvoir toujours discerner le vrai du faux, et assez de loisir pour glaner le bon grain au milieu de l'ivraie. Mais ce qui est plus fort, c'est de prétendre faire l'éducation et l'instruction des classes inférieures, des populations ignorantes, en leur fournissant une nourriture intellectuelle composée de toutes les contradictions et des négations de tous les principes.

Nous pouvons juger par l'état moral et intellectuel du pays des bienfaits d'une pareille éducation. La jactance, la fatuité, le pédantisme, la vanité, la fanfaronnerie ; la confusion et le renversement des idées, la fausseté du jugement, tels sont les traits caractéristiques de notre pauvre société.

Depuis quelques années, le mal semble se développer avec une rapidité de plus en plus effrayante. Dans la plupart de nos grandes villes, le désordre moral a pris des proportions qui rappellent les orgies du paganisme ; l'appauvrissement intellectuel s'y manifeste par des égarements, des insanités et des extravagances de toutes sortes ; les passions démago-

giques ont amené la populace à un état voisin de la démence ;
le vertige semble s'être emparé des esprits ; l'ordre des idées
est complétement bouleversé ; les notions les plus élémentaires
sont obscurcies ; on croirait assister au naufrage de la raison
humaine.

Qui ne connaît les turpitudes étalées dans les réunions
publiques, les outrages faits à la religion, à la morale, les
attaques aux lois, à la propriété, à la famille ? Et dire que
toutes ces aberrations, ces abjectes excentricités ont trouvé et
trouvent de nombreux approbateurs !

Le mal se répand partout. L'éducation des masses ne leur
permet pas de résister au torrent de sophismes qui emporte le
bon sens, et partout se manifestent l'égarement des esprits,
le renversement de l'équilibre intellectuel, la haine de
l'autorité.

Oui, il est triste notre état. Il n'est pas nécessaire d'avoir
un œil bien exercé pour voir les plaies qui nous rongent, elles
sont assez apparentes. Beaucoup ignorent la nature du mal,
mais il en est peu qui le contestent. Le trouble est dans tous
les esprits ; on sent combien sont fragiles les bases qui portent
notre société ; la perplexité est grande, l'anxiété est générale ;
on voit l'instabilité de nos institutions, l'ordre sans cesse
menacé et ne s'appuyant que sur des principes variables, sur
la base mobile des opinions insconstantes des multitudes, et
on ne sait pas remonter à la source ; on ne voit pas qu'il n'est
possible de fonder quelque chose de stable que sur les principes inébranlables du droit, de la justice, de Dieu.

Ces réflexions jetées dans le public avec une autorité que
mon nom ne peut leur donner, sont, je le sais, de nature à
soulever une montagne de contradictions, à déchaîner une
tempête de sophismes. Mais qu'importe, les plus hauts intérêts
sont en jeu, il n'y a pas à balancer. Le pays ne peut trouver
son salut que dans son retour aux saines doctrines. Cherchons
les moyens de l'y ramener.

III.

C'est une vérité historique, incontestable et généralement incontestée, que l'établissement du christianisme a eu pour conséquence le perfectionnement moral de l'humanité, et que la grandeur, l'influence des peuples s'est, pour ainsi dire, calquée sur les progrès de la civilisation chrétienne. Aussi ne faut-il pas s'étonner que la France, qui a mérité le titre de fille aînée de l'église, ait marché à la tête des nations. Sa qualité de grande puissance catholique a étendu son influence et a été sa gloire dans le monde.

Au seizième siècle, lorsque le souffle de l'erreur est venu ternir la pureté des traditions religieuses, et amoindrir pour quelques peuples l'éclat de la vérité, la France conserva dans son intégrité la doctrine catholique. Grâce à ce privilége, la nation française a été prépondérante dans le monde, et, en défendant les intérêts les plus élevés de l'humanité, elle s'est maintenue longtemps au sommet de la civilisation. Son ascendant moral s'est étendu dans le monde entier, et y a laissé des traces si profondes que, dans les circonstances actuelles, l'univers catholique tourne encore ses regards vers nous.

Mais malheureusement, depuis un siècle, sont venus s'abattre sur notre infortuné pays les deux fléaux de l'indifférence religieuse et de la libre pensée. Ces deux ulcères, alimentés par les soins de la presse matérialiste, ont graduellement vicié les mœurs de la nation; l'athéisme politique, érigé en principe par la révolution, a favorisé le développement du mal ; la perturbation morale a porté atteinte à l'ordre matériel; le corps social a été en proie à des convulsions qui en ont disloqué les parties ; et toutes ces perversions, ces ébranlements, ces dislocations ont conduit le pays au rachitisme moral, à l'ahurissement intellectuel, sources de tous les désordres et de tous les maux dont je n'ai fait qu'un très-court exposé.

Ce serait une grave erreur d'attribuer notre malheureux état à des causes extérieures : le mal est interne. La guerre avec l'étranger n'a été qu'une occasion, quelque chose comme une pression exercée sur nos plaies et de nature à nous en faire plus tôt reconnaître la gravité.

Cette guerre a été désastreuse, je n'ose dire déplorable ; car si nous savons lire dans le grand livre des événements, nous pourrons reconnaître qu'elle n'a été, dans la main de Dieu, que la verge qui châtie pour corriger.

Sachons profiter de la correction. Remettons en honneur les salutaires principes et les sublimes enseignements de la religion ; restaurons l'autorité ; ne nous laissons plus abuser par les fallacieuses promesses d'un dissolvant libéralisme ; éloignons des multitudes inconscientes la nourriture empoisonnée que leur sert si abondamment le journalisme libre - penseur ; ne confondons plus avec la licence la vraie liberté, la liberté légitime. Que dans tout ce qu'elles ont d'essentiel, la religion, la famille, la propriété, ces bases nécessaires de toute société, soient placées au-dessus de la discussion. La repression de la licence, loin d'être une atteinte à la vraie liberté, en est la sauvegarde. — Que tous les esprits sincères et éclairés aient le courage de flétrir comme ils le méritent, tous les charlatans de la parole et de la plume qui ressassent cette inconcevable stupidité que la religion favorise l'ignorance et s'oppose au développement de l'instruction.

N'est-il pas, en effet, historiquement établi que la religion a été la grande institutrice de l'humanité ? L'Eglise n'a-t-elle pas sauvé du naufrage des temps les monuments du génie humain ? — On accuse l'Eglise d'être l'ennemie des lumières parce que ne confondant pas l'erreur avec la vérité, l'église éloigne la société des fausses et trompeuses lumières qui bordent le chemin de l'abîme ; elle veut éclairer les intelligences, leur donner une nourriture saine et abondante ; elle ne veut pas les empoisonner. Dira-t-on que l'hygiène est contraire à la santé du corps, parce qu'elle prescrit une nourriture saine et en exclut le poison ?

Ah ! plût à Dieu que nous eussions écouté les avertissements et suivi les enseignements de l'église ! La société ne serait pas dans l'état d'un malade qui ne sait plus ce qu'il veut, qui est dégoûté de tout, qui rejette ce qu'on lui donne, et qui rêve toujours un bien-être chimérique dans les nouveautés que son imagination lui présente.

C'est ce triste état qui réclame la sollicitude et la vigilance de tous les hommes de cœur et de bonne volonté, de tous les sincères amis de l'ordre, de tous ceux qui, animés de l'esprit chrétien, placent le devoir au-dessus de leurs ambitions personnelles, aiment la justice et la regardent comme la base de la prospérité et de la grandeur des nations. — Je ne veux pas dire qu'en dehors de la doctrine ouvertement chrétienne, on ne trouve pas quelque probité et quelque dévouement au bien public ; mais ces vertus, lorsqu'elles ne sont pas fausses, sont en général peu sûres ; ce sont comme des branches détachées, qui ne sont pas encore flétries, ou plutôt qui tiennent au tronc par quelques fibres, et y puisent une vie souvent trop faible pour résister au souffle des passions et au caprice des circonstances. — Des vertus si peu sûres rendent presque illusoire l'efficacité de leur concours. Tous les hommes de bonne foi méritent cependant de travailler au salut du pays, et peuvent y contribuer, dans une certaine mesure. — Que tous ceux dont le zèle pour le bien s'alimente au foyer de la vérité s'efforcent de fondre ensemble tous les dévouements utiles, et leur impriment une salutaire direction. Que chacun fournisse une pierre pour la réparation, ou plutôt pour la reconstruction à neuf de l'édifice social.

Vous tous, surtout, qui tenez en main les destinées de la patrie, ne craignez pas de voir les véritables causes de nos malheurs, et dans l'anarchie constitutionnelle où nous vivons, inspirez-vous des glorieuses traditions de la France ; faites taire, s'il le faut, vos préférences personnelles, et appelez, pour prononcer sur la forme définitive de nos institutions, la justice et le droit : ces deux arbitres ne se trompent jamais. C'est en suivant toujours leurs inspirations que la France pourra reprendre et maintenir toujours son influence au milieu des nations.

'Mais ne nous faisons pas illusion; le seul moyen pour atteindre à ce résultat est de ranimer le sentiment religieux. Que l'éducation soit foncièrement chrétienne; que Dieu y occupe une large place. Que la libre pensée, cette antithèse de la saine raison, soit dépouillée de son masque d'orgueil, et ne puisse plus, sous un nom imposteur, pervertir les intelligences. Que l'éducation et l'instruction se réunissent pour nous prémunir contre les dangereuses théories, les détestables doctrines qui ont amené notre pauvre pays sur le bord de l'abîme; que l'instruction profondément chrétienne fournisse à la société des armes pour percer à jour ces bulles gonflées de vide, ces phrases boursouflées dont se montre si prodigue le matérialisme contemporain. Que le peuple apprenne à se garantir des docteurs improvisés par le génie de l'orgueil. Que notre pauvre France, enfin, soit assez éclairée pour voir les choses sous leur vrai point de vue; qu'elle cesse de confondre les prétentions avec le mérite; qu'elle puise dans une saine éducation la force de se débarrasser de cette fatuité qui avoisine la folie, de cette vanité qui l'étouffe.

Ce n'est qu'à ces conditions que l'ordre viendra se rasseoir sur des bases solides. — Et pourrait-il en être autrement? Si les doctrines impies matérialisent la société, si l'orgueil brise tous les liens de subordination; si l'éducation regarde comme superflues les vérités de l'ordre surnaturel, si la notion de la justice divine disparaît, et que le vice et la vertu soient regardés comme n'ayant de sanction que dans la vie présente, le peuple ne tarde pas à croire que la seule vertu consiste à suivre la voix de ses passions et à tout entreprendre pour les satisfaire.

Alors, à la vue du riche, vivant dans l'abondance et la somptuosité, quelquefois même dans le faste, les déshérités de la fortune, les ouvriers, les travailleurs, les prolétaires s'irritent de leur condition, ne veulent plus de leur état. Peu leur importe la moralité des moyens. Le meilleur, pour eux, quel qu'il soit, est celui qu'ils supposent le plus sûr pour arriver à leur but. Ils courent après des impossibilités, complotent des transformations radicales, rêvent le nivellement social. Ils ne croient pas aux paroles qu'a prononcées le Sauveur du monde : « *Semper pauperes habetis vobiscum.* »

Ah ! combien la société serait plus tranquille, si elle s'inspirait de la sublime économie de la morale chrétienne. — Le pauvre y apprendrait qu'il ne doit pas tendre une main injuste sur la propriété du riche ; que la justice est un bien préférable aux richesses ; que le bonheur du riche est plus apparent que réel ; que, du reste, les inégalités présentes ont une sanction ultérieure. Le riche, de son côté, ne s'enorgueillirait pas de ses richesses, saurait compatir aux souffrances du pauvre, regarderait son superflu comme le patrimoine de l'indigence, retrancherait les profusions inutiles, et se considérerait comme délégué par la Providence pour coopérer au soulagement des misères de l'humanité. Tous deux (le riche et le pauvre), respecteraient l'ordre établi de Dieu, y reconnaîtraient la sagesse qui a distribué à chacun sa tâche, et sauraient que, dans le grand drame de la vie, la différence des situations est une condition nécessaire de l'harmonie ; que tous les acteurs ne peuvent jouer le même rôle, mais que chacun a sa part de devoir à remplir.

Oui, il y aura toujours des pauvres dans le monde, les paroles de Dieu ne passent pas. Il y aura toujours une hiérarchie dans la société ; la subordination à l'autorité sera toujours une nécessité. — Les ambitions peuvent se heurter ; il peut y avoir des perturbations, des bouleversements, des violences, surtout si l'impiété continue de développer l'esprit de prétention et d'égoïsme, et affaiblit de plus en plus l'esprit de charité que le philanthropisme moderne, qui n'en est qu'une ridicule contrefaçon, n'arrivera jamais à remplacer. Mais le compas égalitaire n'installera jamais la paix dans une société. Et si les véritables causes de notre ébranlement social ne sont pas supprimées, il n'est pas besoin d'être prophète pour l'annoncer, nous ne cesserons de nous traîner dans l'ornière des révolutions, et peut - être un jour, que Dieu écarte ce sinistre présage ! la postérité dira :

il fut autrefois un grand Etat qu'on appelait la France.

Mais non, France, je ne puis croire à la radiation d'un nom que tes vertus passées ont illustré, d'un nom qui fut si longtemps le symbole de la puissance et de la gloire. Malgré tes malheurs, malgré les ravages de l'impiété, j'ose espérer dans tes destinées. J'aperçois encore dans ton sein de nobles âmes, de vigoureux et magnanimes esprits, et parmi les tristes héros qui travaillent à ta ruine, il en est beaucoup qui ne sont qu'égarés. Il y a de nombreux aveugles ; mais les dernières commotions paraissent avoir produit sur quelques-uns un salutaire effet ; les taies qui recouvrent leurs yeux semblent se détacher. Plaise à Dieu qu'elles n'aient pas besoin, pour tomber, de nouvelles secousses !

Oui, France, je ne sais si c'est une illusion, mais j'aime à espérer qu'après avoir suivi trop longtemps le chemin de la décadence, tu seras effrayée des symptômes de la dissolution, et que tu sauras trouver, dans l'excès même de tes abaissements, le principe de ta régénération.

Cette espérance est le seul sentiment qui puisse consoler un cœur vraiment français, au milieu des tristesses contemporaines.

PROVINS. — IMPRIMERIE LE MÉRICHÉ.